Y LLONG WEN

Y LLONG WEN

a cherddi eraill

Meirion MacIntyre Huws

Argraffiad cyntaf: Tachwedd 1996

ⓗ *Meirion MacIntyre Huws*

Rhif Llyfr Safonol Rhyngwladol:
0-86381-405-0

Clawr: Smala

Argraffwyd a chyhoeddwyd gan Wasg Carreg Gwalch,
12 Iard yr Orsaf, Llanrwst, LL26 0EH
☎ (01492) 642031

Dymuna'r awdur gydnabod derbyn ysgoloriaeth gan Gyngor
Celfyddydau Cymru a'i galluogodd i gwblhau'r gyfrol hon.

i Mabon

Cynnwys

Diolch

i Myrddin ap Dafydd am ofyn i mi roi'r gyfrol hon at ei gilydd.
Diolch hefyd iddo am ei amynedd am wythnosau lawer wedi hynny!

i Nia am fod yn feirniad mor onest.

i bawb a brynodd y gyfrol.

Yr Hen Dre'

I hen dre' a'i bae'n drewi, — i'w siopau
   di-siâp, i fudreddi
   ei photel a'i graffiti
   adref o hyd yr af i.

Gwawr

Heulwen, er trengi filwaith, — ail gynnir
   yn blygeiniol berffaith;
  un wahanol yw'n heniaith,
  ni huna hon ond un waith.

* * *

Heno'r hwyr â'r dydd ar drai,
unig oedd glannau'r Fenai.
Nid oedd ond sibrydion dŵr
yn erbyn wal yr harbwr,
hengaer yn gawr orengoch,
ac ewyn cei fel gwin coch.

Yno, dau fel nos a dydd
yn galw ar ei gilydd
oeddem; un yn diweddu,
a'r llall yn ddall i'r awr ddu.
Hen ŵr a llanc a wnâi'r llun:
ddoe a heddiw yn ddeuddyn.

Yn wahanol i minnau, — i aber
   anobaith trodd yntau;
  ei oriau ef yn byrhau,
  a'i anadl mewn cadwynau.

I gnul bolltau drysau'r dref,
oedran a'i llusgodd adref
i hualau ei aelwyd,
yn ôl i ffau'r llyfrau llwyd;
lle na chlywir ond hiraeth
a dyheu am wrid a aeth.

Ger y gaer, lle gwawriai gynt
ddyddiau heb ddiwedd ynddynt,
un ydoedd â'r cysgodion
a'i ffawd yn fyrrach na'i ffon;
ei ddoe aur yn wybren ddu
a'i heulwen wedi pylu.

Bu'r arafwch yn brifo
wrth fynd gam am gam ag o;
camau bychain fel einioes,
o lathen i lathen fel oes,
a thrwy gyni'i egnïon
croesi'r wlad oedd croesi'r lôn.

O'i fêr ac o'i lafariaid — y gwaedodd,
    a gwaedodd o'i enaid
    'run anaf â'i hynafiaid,
    'run dagrau â dagrau'i daid.

Dihirod o frodorion — a welai
    yn niwlo'i orwelion:
    to iau a'u gwalltiau gwylltion
    heb air o'r iaith dan eu bron.

Gwelai'i hil yn hil ddi-nod — a llediaith
    yn llid ar bob tafod;
    anrhaith lle bu Arianrhod,
    a'i bridd glân y butra'n bod.

Anodd dychmygu'r ffynnon — yn heli,
    a'i waliau yn yfflon,
    a'i hen dŷ uwch cerddi'r don
    yn aelwyd i wehilion.

Ond er gwrando'r hen stori — a gwylio
    ei galon yn hollti,
    di-emosiwn oeddwn i:
    ifanc, â byd i'w brofi.

* * *

Er i noswynt deyrnasu — a'i wewyr
   yn dduach na'r fagddu,
mae bywhau twym o bob tu —
C'narfon sy'n cynhyrfu!

Lle bu henoed yn oedi — yn y gwyll,
   lle bu'r gân yn edwi,
mae'r hogiau â'u lleisiau'n lli
yn gyforiog o firi.

Asbri'r wawr, nid nos a'i brad — yw llanw
   Stryd Llyn; fesul eiliad
o'r awr ddu tyfodd rhyddhad,
a ffair iau yn ddeffroad.

Ym Mhendeits mae heno dân,
llewyrch rhag cri'r dylluan,
a'r Maes, lle bu'r dagrau mud,
yn wefr o gloncian hyfryd.
Mae'n oer ond mae hi'n eirias,
a'r murmur fel awyr las.

Mae'r rôg diog a'r diwyd — yn uniad
   wrth rannu'r dedwyddyd;
  ac yn undeb y mebyd — pâr o jîns
   sy'n wisg i'r rafins a'r moesgar hefyd.

Yn symffoni'r gwmnïaeth
mae cŵyn ffrom, mae acen ffraeth;
mae rheg stormus, mae cusan,
mae eco ing ac mae cân;
bar 'Y Blac' sy'n colbio'r *Blues*,
Stryd Fawr fel *Stradivarius*.

Y Dre' yw'r rhos lle daw'r hil — i wreiddio,
   hon yw ffridd yr ymchwil,
  lle, drwy ffrae a chwarae chwil,
  y daw haidd o had eiddil.

Yma, a ni'n carlamu — yn hoenus
   heb ffrwyn i'n harafu,
  yn lle siwtiau'r dyddiau du,
  lledar sy'n ein dilladu.

Â mynwent y palmentydd — yn gwawrio
   i guriad to newydd,
  neon sy'n tanio'n hawydd:
  bore gwyn ar derfyn dydd.

* * *

Pan fyddo'r môr yn trymhau,
a helynt yn gymylau,
rhyw ynys o wirioni
yw mainc *Yr Albert* i mi;
yn nwfn nos fy hafan yw,
o'r brad fy harbwr ydyw.

Y mae o hyd yma awr
o wanwyn yn heth Ionawr.
Hwn yw lle'r torchi llawes,
a'r tŷ haf lle nad yw'r tes
yn machlud — gwynfyd go iawn!
Arlwy, a'i bwrdd yn orlawn.

Heno, a'r criw'n ymgynnull
i rannu gwefr yn y gwyll,
nid o'r grât y neidiai'r gwres,
nac o ynni du'r *Guinness*;
daw'r fflamau o ffrindiau ffraeth
yn odli â'u cenhedlaeth.

Wrth i'r sôn gwirion ein gwau
yn domen o ystumiau,
aelwyd heb wg oedolyn,
Nirfana'n wir yw fan hyn;
ninnau yn gampau i gyd,
yn Fehefin o fywyd.

O'r llwyfan yn taranu,
hyder llanc sy'n codi'r llu.
Yma'n ei hwyl yn mwynhau
yn gyhyrog ei eiriau,
llais ynghlwm â bwrlwm byw,
dyfodol ar dwf ydyw:
cennad iaith yn cynnau'i do,
a bardd sydd heb ei urddo.

Ym mloedd wresog yr hogyn,
Anhrefn yw'r drefn, ond er hyn
un sgrech dros ein gwlad fechan,
un iaith, un gobaith yw'r gân:
galwad i'r gad ym mhob gair,
heddiw ym mhob ansoddair.
Idiomau fel dyrnau'n dynn
a her ym mhob cyhyryn.

I nodau'r band, â'r bywhau
yn wyneb i'n calonnau,
er hwyl ymrown i rowlio'n
breichiau fel melinau Môn,
yna dawns, fel ebol dall
yn dynwared un arall.

Heno, er nad ŷm ninnau'n
hanner call am amser cau,
nid yr êl o'r poteli
yw nawdd ein doniolwch ni;
daw'n cyffur o fragdy'r fron:
alcoholiaid hwyl calon!

O na allwn droi'r allwedd — neu gau bollt
    rhag y byd a'i bwylledd,
   a chael o hyd yn wych wledd,
   einioes o afradlonedd!

Yma'n goelcerth o chwerthin,
a'n gwenau fel hafau'r hin,
mae eto wawr, mae to iau
yn wlad o oleuadau,
a thrwy darth yr oriau du
ein heniaith sy'n tywynnu.

Yn aceri ein cariad
yn pori iaith ein parhad,
un nos oer sy'n fis o ha',
a'i thorf yn boeth o eirfa:
yn Gymraeg mae'i morio hi,
yn Gymraeg y mae rhegi.

          * * *

Â Mai yn gyffro mwyach, — a'r awel
    drwy'r fro yn gynhesach,
   a oes acen bwysicach
   yn y berth na chân cyw bach?

Os yw ein clochdar yng nghri'r gitarydd,
mae ein lleisiau yn emynau'r mynydd.
Un yw'n trydar â thant yr ehedydd
a'r rhythmau oesol ym mhridd y meysydd.
Nyni yw'r bore newydd ym mhob llwyn,
a nodau'r gwanwyn ym mydru'r gweunydd.

Ni yw'r awen barhaol, — ni yw'r glec
    i'r glust gynganeddol,
   ni yw'r geiriau i'r garol,
   a chri croch y roc-a-rôl!

Ni yw Ebrill y wybren, — hyd y rhos
   ni yw stranc y ferlen;
  y gloywder yn winc seren,
  â fflach amgenach i'n gwên.

Ni a'n histerics yw'r anystyriol,
ond ni'r dihirod yw'r llais hanfodol.
Ni yw'r gweddill, ond ein cân dragwyddol
heddiw a erys. Drwy'n sgrech fyddarol,
ni yw sŵn y presennol. Ni yw'r her:
yn dwf o hyder, ni yw'r dyfodol.

Ynom, yr ifanc, mae'r grym a'r afiaith
i gynnau'r galon drwy wyll estroniaith.
Ynom mae maboed yn fflam o obaith,
ac ynom ni mae'r goleuni glanwaith.
Ynom yn wawr mae ein hiaith yn danau,
yn ffair o olau, yn effro'r eilwaith.

Y Llong Wen

Ger y dŵr neithiwr ro'wn i
a hiraeth yn fy nhorri:
dyn anial, dyn â chalon
oerach, mil duach na'r don,
yn dyheu am olau dydd,
awen y flwyddyn newydd.

Llen o ddu fel llynedd oedd
y dŵr a'r uchelderoedd.
Erwau'r nef a'r môr yn un,
yr awyr gyda'r ewyn,
a dim ond y lleuad wen
yn nofio drwy'r ffurfafen.

Yna daeth, fel llwyn ar dân
ar orwel papur arian,
tri mast cry'n cusanu'r sêr
a'i choed yn drwch o hyder:
llong wen fy holl anghenion
yn suo dod dros y don.

Drwy'r bae fel aradr o bell,
llyfn ei bow fel llafn bwyell,
rhwygodd ei ffordd drwy'r eigion,
ei chrib yn torri bob ton
ac eira glân mân y môr
yn lluwchio i'r naill ochr.

Ar ei bwrdd holl gerddi'r byd,
rhai difyr, a du hefyd.
Mynydd a mwy ohonynt,
cywyddau'n gwau gyda'r gwynt.
Englynion at fy nghluniau
lond silff ar silff yn nesáu.

Hwylio'n nes i'm calon 'wnaeth
ei chaban o achubiaeth.
Yn dafarn o gerdd dafod,
gwin geiriau dros donnau'n dod.
Yn ei howld roedd f'awen i
yn gannoedd o gasgenni.

Yna sylwais o'i hwyliau
na fu i'r bad forio'r bae,
dim ond dod i dwyllo dyn,
rhyw ddod heb gyrraedd wedyn.
Nid yw'r cwch ond cwch y cof,
a ddaw'n rhyw awydd ynof.

Ni ŵyr neb am hwylbren hon
na'i bwrdd hud ond breuddwydion.
Ni all un gydio'n ei llyw,
anweledig hwyl ydyw.
Llond bad o ddyheadau
dan y sêr nad yw'n nesáu.

Na, ni wnaeth lanio neithiwr,
ond ara deg grwydro dŵr
y cof. Ni lwyddodd y cwch
i hwylio drwy anialwch
niwl y nos — fy ngadael 'wnaeth
yn Iwerydd fy hiraeth.

Môr glas mor wyrdd

*(Comisiynwyd y gerdd hon gan Ddŵr Cymru
ar gyfer ymgyrch* The Green Sea)

Yn y môr mae gwin fy myd,
ewyn a'i lond o fywyd,
môr o wefr, môr glas mor wyrdd
a'i wely yn fytholwyrdd.

Yn y môr y mae arian,
dan y dŵr pysgod yn dân
ac yn eu mysg yn ymwau
yn y gwymon mae gemau.

Yn y môr mae sibrwd mân
sy'n hŷn na'r don ei hunan
a rhywle'n nwfn yr heli
mae 'na gân i'm hannog i.

Penrhyn Llŷn

Llŷn i mi yw llanw môr,
y perthi uwch traeth Porthor,
cri gwylan ar draeth anial,
a gwlân rhwng weiran a wal.
Llŷn yw'r haul uwch llwyni'r haf,
a'r heth hyd at yr eithaf.

Yn y gwynt i'm hannog i
Llŷn yw cudyll yn codi.
Llŷn yw'r ias sy'n llenwi'r wig
Llŷn yw'r ddiadell unig,
hen dractor ar dir pori,
hyn a mwy yw Llŷn i mi.

Llŷn yw'r môr yn dweud stori
ar goedd dros ei chreigiau hi,
hen gwch a'i choed yn gwichian,
a beddau blêr llawer llan.
Nefoedd yw Llŷn derfyn dydd:
lle i heniaith gael llonydd.

Yr Anturwr

R Gwynn Davies, Waunfawr

Os oes i hil arwyr sydd
yn wahanol eu deunydd,
yn fwy na'n holl ofynion,
yn brawf o'r anfeidrol bron,
os ydynt amhrisiadwy,
yn Waunfawr mae un sy'n fwy.

Ti yw hwnnw, wyt einioes
'wna i rai am bedair oes,
yn waed na ŵyr fynd yn hŷn
ein gŵyl o unigolyn:
cymedrol fel hen Volvo
ond yn mynd fel deinamô.

Yn frawd iach neu'n chwifiwr dwrn
ti yw hwyliau y Talwrn;
haul a storm, wyt lais y dydd;
wyt awen all droi'r tywydd,
wyt gytgan sy'n taranu
ac wyt wên fel talcen tŷ.

Hyder wyt wrth dendio'r had
ym mhriddell dy ymroddiad:
wyt beiriant a tho'r Antur,
wyt ddoniau dau, wyt ddyn dur,
wyt y sawl parotaf sydd
ac hael nes codi c'wilydd.

Annigonol yw moli,
dyled yw'n teyrnged i ti;
ni chei aur nac arian 'chwaith
gennym, ni chei ond gweniaith,
ond codwn ein het eto —
wyt, Gwynn, yn goblyn o Go!

I Nia

Diwerth, fel bardd diawen,
tŷ heb wal, parti heb wên;
rhos heb ei gwlith, drws heb glo,
tannau heb neb i'w tiwnio;
cwpan heb glust, a chlustog
heb wlân neu gyfrif heb log;
saer heb forthwyl, gŵyl heb gân,
lleuad heb gri'r dylluan;
rhych heb wlydd a braich heb law,
a baled heb ei halaw;
hyn oll fai byd o'th golli,
ni allwn fod hebot ti.

Tân

Ar wely dy gri olaf
mor oer oet, a fflamau'r haf
yn huddygl, a'r diffoddi
yn darth dros dy wyneb di;
minnau'n wag, a chryman nos
yn hogi ei lafn agos.

Ond rhywsut er i iasau
y noson hon fy ngwanhau,
ynof rhoed fflam i'm cynnal;
rhoed, trwy'r griddfan, dân i'm dal
am oes, achos rhoist i mi
wên dawel cyn distewi.

Dinas

I wlad fy nyheadau
af y nos i ysgafnhau
fy ngofid; rhwyfo yng ngafael
rhyw lanw aur i lan hael;
troi fy mad i bentref maith:
dinas y bywyd uniaith.

Fel holl werin y ddinas
wyf â'r hawl i fyw yn fras,
hawl i fyw fy nghoel fy hun,
a hawl i drechu'r gelyn.
Hawl i iaith a'i harddel hi
yn siriol heb ddweud *'sorry'*.

Un wledd gydol y flwyddyn
a gaf uwch ei byrddau gwyn,
a thra yfaf o'i hafon
o fedd, tra crwydraf i hon,
yn nos ei cheginau hi
estron sy'n golchi'r llestri.

Yr Hen Drefn

(Robin Llywelyn)

Daw brys am Stadau Breision
a dyheu am groesi'r don
inni oll, waeth faint yw'n hoed.
Yn ein hynni a'n henoed,
mynnu o hyd rydym ni
ynys na chawn mohoni.

Gresyn na fedrwn groesi
y môr sydd rhyngom a hi,
nid oes llong, nid oes llynges
dan haul all ei dwyn yn nes;
lle o hyd sy'n ymbellhau
yw gwlad y goleuadau.

Nid â chamau dychymyg
y mae ffoi i'w drama ffug
a hudol, ond wrth droedio
cam ar ôl cam drwy ein co';
dyna oll — troi'n sgidiau'n ôl
i annerch y gorffennol
a rhoi cam o'n llwybrau caeth
hyd lonydd ein chwedloniaeth.

Hen chwedl yw pob cenhedlaeth:
nid ŷm ond pennod a aeth;
rhan o ias yr hyn a oedd,
hanesion o'r cynoesoedd
yn parhau mewn straeon prin,
parhau ar eiriau'r werin;
gwerin fu'n 'llyncu'r geiriau'
llyncu'r gwir a llyncu'r gau.

Robin, fel bu'r dewiniaid
rheiny'n ymroi, rhoi o raid
wyt tithau; troi geiriau'n gof
o angen, rhag troi'n angof
yr hyn wyt a'r hyn a aeth.
Dal anadl ein chwedloniaeth.
Wyt Hen Drefn, wyt nodau rhydd
yn crynhoi'r co' o'r newydd.

Wyt ddau fyd: wyt ddyfodol
a'r hyn oedd flynyddoedd 'nôl.
Eden ein breuddwyd ydwyt
a Drudwen ein hawen wyt,
wyt lais y Stadau Breision —
ti yw'r daith sy'n pontio'r don.

Un tro

Un tro ar y goriad trwm,
sŵn dur yn drysu'r rheswm,
a dau yn dod yn eu du
a'u hiraeth yn diferu:
un rhy ifanc i'r profiad,
un rhy hen i eglurhad.

Gwyro, troi y goriad trwm
eilwaith, a dagrau'n gwlwm
i dad a'i ferch. Dod o fedd
a'u galar yn ymgeledd,
am i'r awr ddwys rwymo'r ddau'n
gyfoedion mewn gofidiau.

Ffenest

Heibio ffenest fy ngwesty
y daeth fel rhyw gwmwl du;
hen forwr oer mewn côt frau,
dail hydref hyd ei lodrau,
ei fyd i gyd mewn hen gês
a hwnnw'n sownd i'w fynwes.

Edrychodd i'r haen drwchus,
ac ar ôl byseddu ei grys,
rhegodd bawb, rhegodd y byd,
y nef a fo'i hun hefyd.
Ymadael yn storm wedyn,
yn llawn dig, yn llai na dyn.

Rhwng y poen, rhwng y punnoedd,
ai drych ynteu gwydr oedd?
A welodd hwn fy ngwledd i?
Y gwin a'r siwt yn gweini?
Neu a welodd ddrychiolaeth,
ei lun ei hun — p'run sy'n waeth?

A mi'n hŷn, mae o'n hanes,
eto i gyd â'i gôt a'i gês
daw at ffenest fy ngwesty,
a dod yn gydwybod du.
Os yw ei grawc is y gro
mae'i lygaid dal i 'mhlagio.

Llong

Roedd, mi wn, pan oeddwn iau
yn llong fai'n twyllo angau,
y sgwnar lywiais ganwaith
heb angor ar y môr maith.
Ar ei bwrdd, wrth groesi'r bar
dianc o raffau daear
yr o'n gan fyw i'r ennyd;
tynhau yr hwyliau o hyd.
Byw'n rhydd a baneri'r iau
yn ymestyn o'i mastiau.

Mae fy sgwnar fawr arian
yn y doc, ac rwyf ar dân
i'w bordio gan fod byrder
bywyd o hyd yn creu her.
Crwydro'r môr am rhyw dri mis?
Naw ar dywyn? — 'Na'r dewis.
A minnau'n hŷn pob munud
dwysáu mae'r dewis o hyd.

Ar ddydd yr unfed ar ddeg

Ti'r adyn gwell 'ti redeg
ar ddydd yr unfed ar ddeg.
O'r rhyd tu draw i'r rhedyn
gweli di ŵr drwy'r glaw du'n
nos o dempar yn stompio,
yn fagia' gwag ac o'i go'.
Yn gloff fel ei gaseg las,
yn ddieflig o ddiflas.

Paid â'i annerch, paid enwi
dy hil ditha' — hegla hi.
Ar grwsâd y daw'r gŵr sur
a'i fryd ar waed ei fradwyr.
Daw i hawlio dialedd,
daw drwy'r glaw gan chwifio'i gledd
yn daer, ac wedi ei dorri
yn ei rwd bydd d'enw di.
Ar ddydd yr unfed ar ddeg,
ti'r adyn, gwell 'ti redeg.

Dyffryn

'Lle nad oes lleisiau ond y lleisiau sy'n diddanu . . . '

Gan gefn gwlad pan siaradaf
â'i choed a'i chloddiau ni chaf
yn ateb ond gwyll swta
a rhyw darth o 'fore da'.
Rhyw fudandod sy'n codi
yn niwl dros fy nghalon i.

Awen ni chaf gan y chwyn
na thrydar chwaith o'r rhedyn,
na gair gan 'run wal gerrig
na cherdd gan surbwch o wig.
Dim cân o'r llyn am funud
na bw na be yn y byd.

O fawn oer i'r afon af,
o Ionawr i Orffennaf,
at lan y dŵr sy'n sgwrsio
ac, o raid, wrth daflu gro
hau a wnaf fy nghŵyn i hon,
hau i'r dŵr fy mhryderon.

Pan siaradaf â'r afon
daw o hyd ateb o'r don.
Afon yw a'i geirfa'n hael,
afon a'i chwmni'n gafael,
a thra bydd hon yn cronni
fan hyn bydd fy nyffryn i.

Llŷn

Di-lun fel Môn yn union,
rhyw wlad fawr lletach na'r lôn
oedd hi unwaith, Llŷn ddinod,
lle na bu un llai yn bod.
Annifyr o blaen hefyd,
hon heb os oedd tin y byd.

Ond pan ddaru'r car farw
nid Llŷn oedd Llŷn ar fy llw!
Gwlad o nadroedd ydoedd hon
yn baradwys ysbrydion.
Yn nhir neb am hanner nos
diawl o le oedd Rhydlios.

Yr oedd Cŵn Annwn yno,
teirw hurt rownd pob un tro,
holl adar y byd arall,
dwy fil o stlumod y Fall
yn un pla, ac yn eu plith,
llofrudd mewn gwisg dyn llefrith!

Colbiais, pwshais y Peugeot,
a rhywfodd mi daniodd, do!
ac wele ês o dwll gwlad
a'n nhrôns-i angen rinsiad
yn ddyn gwyllt, yn ddyn o'i go',
yn waeth na Wil Bodnitho!

Drannoeth, i gr'adur unig,
a'i draed cyn oered â'r wig,
wedi'r profiad ofnadwy
roedd Llŷn rhyw fymryn yn fwy.

Crefftwr

Does yn y sied ond rhedyn,
bwyell goch ac ambell gŷn,
dyna oll sy'n dwyn yn ôl
yr hen saer a'i wên siriol.

Ond ni chollaf mo'r siafins
na hen baent mewn tuniau bîns,
colli rwyf y cellwair iach,
y geiriau nid y geriach.
Nid y wawr o oglau da
na'r arfau ond yr eirfa.

Rhy hawdd yw gwario heddiw;
handi yw coed B&Q,
ac am hyn o gymwynas
a rhoi ein bryd ar bren bras
claddwn saer, claddwn siarad
ac i lwch rhown lafar gwlad
a rhoddwn wrth ei briddo
yr iaith hitha' gydag o.

Mai

Mwynder sy'n peintio'r gweryd,
mae'r goedlan yn gân i gyd,
Mai sydd eto'n lliwio llwyn,
mae haul gwych, mae ail gychwyn.
Mor hael yw Mai i'r rhelyw,
Mai hir, llwm i arall yw:
mwyach 'does yma achos
mwynhau yr haf ym Mhen-rhos;
mileinig yw Mai 'leni,
mis y trai yw Mai i mi:
Mai oer yn drwm o hiraeth,
Mai mewn ing am un a aeth.

Dwylo

Er chwifio fy llaw'n dawel,
ni wenodd hi'r hogan ddel
ond parhau, fel pyped pren,
i anwylo rhyw ddalen;
dalen wen na fedrwn i
ddirnad y wyrth oedd arni.

A'r hogan, mi a'i rhegais
hi a'i llyfr gyda'm holl lais,
a'i hwyneb sych, ffroenuchel,
a chwithdod ei dwylo del,
nes gweld wrth du'r gr'adures
ei ffon wen, a ffoi a wnes.

Jamie Bulger

Mae'r mis du 'leni'n dduach,
mis yw o boen heb James bach,
ni cheir hwyl na charolau
na gwên seren yn nesáu,
na chwaith ramant 'run Santa
na dydd o newyddion da.

Yn nwfn heth ein hofnau ni,
na welwn ei meirioli,
llawn o ddig yw'r llynnoedd iâ
a thir hiraeth yw'r eira;
mae mwmian ymysg mamau
a chydio dwylo rhwng dau.

Mud yr ŷm wrth fynd am dro,
wedi ennyd ei huno
gwnaed carchar o barc chwarae
a chell o lan môr a chae;
wedi ei ddwyn, ein strydoedd aeth
yn heolydd marwolaeth.

Rhown dorchau, rhown dywarchen
a phridd dros esgyrn a phren,
ond i'r galon eto'n ôl
daw ei enw'n ddirdynnol:
yn pwyso tunnell bellach,
ynom bawb mae Jamie bach.

Gŵyl y golau

Pan ddaw'n adeg rhoi tegan,
Rhagfyr a'i gur a dry'n gân.
Daw i wlad oleuadau
o ddydd i ddydd i'n rhyddhau,
a daw, i ddadmer ein dig,
awelon y Nadolig . . .
ond i'r un rhwng pedair wal,
eleni daw gŵyl anial.

A ninnau bawb yn bywhau
wrth ddisgwyl gŵyl y golau,
seiniau carol sy'n curo
ar y drws; bydd fawr o dro
cyn cael hongian hosan hwyl
un-yr-un â'n rhai annwyl . . .
ond tynnu'n glyd at dân glo
ni all un mewn cell heno.

Wrth wacáu ein gwydrau gwin
a gwagio bwrdd y gegin,
mae 'na un nad yw'n mwynhau
newynu drosom ninnau:
ar wahân i'w rai annwyl,
ar goll o ysblander gŵyl;
ni wêl wyrth y Geni glân,
heb obaith yw cri'r Baban.

Tra sŵn clo, tra bolltio bar
ac aelwyd yn ei galar,
a deilen o dystiolaeth
yn rhoi i gell gaethdra gwaeth,
pwy wêl werth mewn chwerthin plant?
Pa eisiau miri'r pasiant?
Nid gŵyl o weld y golau
yw gŵyl a phob drws ar gau.

Cydwybod

Na, nid wyf wedi ei weld o,
mi wn, — ond y *mae* yno:
y gŵr nad yw ond geiriau
a'r geg nad yw fyth ar gau,
nos a dydd yn codi stŵr:
fy mrawd iach — fy mradychwr.

Ymaith nid â o'm hymyl:
am roi cam o'r llwybr cul
fy maglu, fy nhynnu'n ôl
'wna'r swnyn hollbresennol;
hwn yw ystyr diflastod,
hwn yw maen tramgwydd fy mod.

Dianc ar Ddydd Gŵyl Dewi
rhag y cnaf ni fedraf i,
canys, yn fy nghawl cennin,
hwn yw blas pob newyn blin:
yn y dorth a'r gwinoedd da
hwn yw miloedd Somalia.

Yn ffedog y llai ffodus
mae'n ddi-dor wrth bwyntio'r bys:
hwn yw corff yr unig, hen,
a'i lais yw pob elusen.
Hwn yw llef Sarajevo
yn rhoi cic rhwng coesau'r co'.

Yn fy myd bach o achwyn,
neu ar goll mewn môr o gŵyn,
hwn yw llu'r tai papur llwyd
a dolef y diaelwyd;
yn ei ruo parhaol
mae cri y dall, mae ciw'r dôl.

O! Rhown yr haul i dreulio
un awr heb ei gwmni o:
rhown y byd i gyd i gael
un haf tu hwnt i afael
y gŵr nad yw ond geiriau
a'r geg nad yw fyth ar gau.

Cymdeithas Ceredigion

Yn Nhan-y-groes mae 'na griw
mawr eu hwyl ac amryliw;
rhai tew annwyl, rhai tenau,
rhai dur eu brîd a rhai brau;
yr hudol wedd a'r di-lun,
y moel a'r copa melyn.

Er hyn, er mor wahanol
yw gwŷr y ddesg a rhai'r ddôl,
un ydynt mewn trafodaeth,
un teulu mewn canu caeth;
yn yr *Emlyn*, un yw'r nod:
yn yr awen maent briod.

Deuant o ben draw daear,
Hawen bell a Themple Bar.
O Lan-non, o Lanina
yn ddof megis gyrr o dda,
yma'n llu i'r beudy bach,
i gynnwrf byd amgenach.

Ar gerdd, ar gywydd, ar gân
neu ar awdlau o rwdlan,
mae bloeddio barn, mae sarnu
a rheibio taer o bob tu,
ond eto mae brolio brwd
rhag ffrae hegar, rhag ffrwgwd!

Llond iard o ffrwyth *Y Cardi*
sy' yno'n nawdd i'n llais ni;
ydlan yn stôr o odlau,
a geidw'r hŷn gyda'r iau:
lle i hil gasglu ei llên,
buarth i hybu awen.

Oes, oes mae yma groeso
i bawb pwy bynnag y bo,
i fardd a phrifardd hefyd,
a honno'n galon i gyd.
Yn nwylo'r cwmni solet
yn Nhan-y-groes mae hi'n grêt!

Ysgol Syr Hugh Owen,
Caernarfon
yn 100 oed

Er i amser ei herio,
er taro haint lawer tro,
mae yn Arfon galon goch
a'i hymgyrch dal yn fflamgoch;
drwy aeafau dau ryfel
bu ei pharhad heb ffarwél.

Yn heini, er ei henaint,
hybu a rhoi yw ei braint,
rhoi'n ddiflin o'i doethineb
heb eisiau ceiniogau neb;
o'i gwirfodd rhoddodd i'r iau
darian o gymwysterau.

Hŷn yw'r inc, ond 'run yw'r iaith;
yma o hyd mae'n mamiaith
o wers i wers yn cryfhau
yn hyder ar dafodau.
Ar hen eirfa Caernarfon
erys sglein yr ysgol hon.

Yn un lli'n dilyn y llall,
i herio canrif arall,
chwi'r ifanc dewch i'r afael
â nerth ei gwythiennau hael,
a'r Dref hon i'r frwydr fydd
yn ieuanc yn dragywydd.

Cywydd Croeso
(Gŵyl Cerdd Dant Caernarfon, 1996)

Yr Ŵyl hon sy'n aur 'leni
a llawn canhwyllau yw hi.
Nid degau o'r gwyliau gynt
ond hanner cant ohonynt:
hanner cant o gerdd-dantio,
hanner cant o geinciau'r co'.

Mae hi'n hŷn, ond mae hi'n iach,
a'r wên ydyw'r gyfrinach.
yr un wên a rown ninnau
o ben Yr Wyddfa i'r bae
i'ch gwadd i fynychu gŵyl
ym mron ein Cymru annwyl.

Yn Nhachwedd dewch i wledda
am un dydd ar gwmni da,
ar fara hael lleisiau'r fro,
ar greision môr o groeso.
Am un nos dewch atom ni
i yfed gwin y Cofi!

I Wynedd dewch ar unwaith
i gadw'r ŵyl gyda'r iaith,
a dewch chwi gerdd-dantwyr da
i Arfon, dewch yn dyrfa
i'r Ŵyl hon, a bydd i'r wledd
ganu 'mlaen am gan mlynedd.

Ffidil a Ffedog!
(Dawnswyr Caernarfon)

Dal yn ôl fu'n ffidil ni
erioed, heb fawr ddireidi:
canu emyn y ddunos,
canu ing ar gainc y nos;
yn oriau ein pryderon
di-wefr oedd caniadau hon.

Ond, â hyder y werin
a thir a iaith yn ei thrin,
rhoed tiwn i ddeffro'r tannau
a bwa hwyl i'w bywhau;
rhoed awch i guriadau'r dôn
ac alaw at y galon.

Heddiw, mae'r gainc dragwyddol
a'i hacenion eto'n ôl;
mae ffidil ein hil eilwaith
yn rhoi her i ddawns yr iaith,
a'r glocsen bren drwy ein bro
sy'n ateb i'w sain eto.

Wrth droi allan, wrth droelli,
taro hop ag 'un-dau-tri',
mae'r Hydref fel Mehefin
a pharhau mae ffair yr hin
wrth wau breichiau, cynnes braf
a digawod yw gaeaf.

Â heulwen *Abergenni*
yn brynhawn i'n hwybren ni,
Llantoni sy'n llonni'r llan
ac ail haf yw *Gŵyl Ifan:*
i fywhad *Llangadfan Fach*
Mai yw drwy'r flwyddyn mwyach.

Ydy, mae'r wên eleni
yn ôl ar ein hwyneb ni,
a throtio eto mae traed dyn
i ffeiriau yr offeryn;
hyd y fro mae'r wasgod fraith
yn hwb lle bu anobaith.

Tra clocsio a chwifio'n chwil
ein ffedog i gân ffidil,
bydd dawnsio'n ein calonnau,
o'n swildod awn fesul dau,
a daw i wlad ei hail wynt
i hwylio drwy bob helynt.

Maes yr Eisteddfod

Cae gwag, brith gof am fflagiau,
twrw gwynt a'r giât ar gau
ers misoedd. Glaw'n tresmasu
hyd faes y mwynhad a fu
a minnau'n dew fy maneg,
a 'nghôt cyn dynned a 'ngheg.

A daw i go'r degau aeth,
y degau fu'n gymdogaeth
y llynedd, y nhw fu'n llenwi
hyd oes fy 'steddfodau i.
Y rheiny fu'n creu hanes.
Arwyr a aeth yn un rhes.

Â Ionawr yn rheg ynof
a'r cae hwn yn duo'r cof
eto a chlecian giatiau
yn y gwynt a'r niwl yn gwau'n
un ofn oer, af innau'n ôl
am adref i'm byd meidrol.

Fy Mab

Heno, a'r nos yn cosi
sidan brau dy aeliau di,
i ba dir a thros ba don
ei di drwy'r oriau duon?

Aros wyf dan olau'r sêr
yn eos ac yn wiwer.
Un wyf â phob anifail
a ddaeth at wely o ddail
i warchod, yn bioden
yn walch, yn dylluan wen.
Un wyf â'r cadno hefyd,
heno, greddf sydd wrth dy grud.

Â dim ond fy ngofid i
yn cydio'n y plancedi,
gyda phob un llygoden
gyda'r frân a'r wylan wen
byddaf yma'n eu canol
hyd y nos nes ddoi di'n ôl.

Coed-yr-Ynn

Heno'r hwyr yng Nghoed-yr-Ynn
anobeithiol yw'r bwthyn.
Dwy wal lle bu adeilad
Meini hollt lle bu mwynhad,
Nid yw pentan diddan dau
eleni ond corlannau;
Lle bu sicrwydd dedwyddyd
Cerrig ar gerrig — 'na i gyd.
Ond er na chaf yma fyth
Heulwen fy hen wehelyth
Mae harddwch yn y murddun
Mae rhyw nerth i'r muriau hyn
Llawer gwell, er gwag o iaith
Yw'r rhain na phlas estroniaith.

Gardd

Yr oedd unwaith bridd yno,
ein pridd ni. Mae gen i go'
ohoni yn fy enaid.
Yn hon bu llinach fy nhaid
yn un gawod o flodau
yn wawr o eirin a chnau,
yn eos ac yn rhosyn,
yn iach o hyd — nes daeth chwyn.

Pwt o hil heb betalau
sy' yno nawr, does na hau
na medi, na chymydog
na sgwrs â bwtsias y gog,
na dim ond rhyw estron darth
yn dew, a blodau diarth
yno'n fwrn — ond dyna fo,
yr oedd unwaith bridd yno.

Storm

I bob mellten ddaw 'leni — i rwygo
   drwy frigau y deri
  a dwyn 'nôl ein diwrnod ni
  y mae mellten i'm hollti.

Taran

Heb weld y fellten denau — yn nychryn
   melyn y cymylau,
  heno fe glywais innau
  ei neges hi'n agosáu.

Siarad

Tollti *sherry* yw siarad — cyforiog:
   cafiâr a salad,
  ond i dafod traddodiad,
  llyfu'r gwlith yw llafar gwlad.

Yn y cof mae caeau ŷd . . .

Yng Nghae Mawr mae angau mud — yng Nghae Gwyn
    mae ewyn difywyd;
    Cae'r Hendref dan ddŵr hefyd,
    yn y cof mae caeau ŷd.

Arwydd

Heddiw ni bu cyhoeddi — ei fod ef
    a'i daith ar fin nosi
    dim ond les ei hances hi;
    llaw unig yn cau'r llenni.

Lleidr

Dos a'm calon ohonof, — a'r hyder
    a red yn wefr drwof;
    hynny o gân sydd ynof,
    fe'i cei'n rhad — ond gad im gof.

Coflech Hedd Wyn

O greigiau chwâl y galon — y tynnwyd
    haenen o bryderon;
  naddwyd gan ddagrau gweddwon,
  ofnau hil yw sylfaen hon.

Croen gŵydd

Neithiwr â gwaed ei gwythi — yn gofyn
    os cefaist dy eni,
  wedi awr dy ddiffodd di
  croen gŵydd sy'n crynhoi gweddi.

Meddygfa Bron Seiont,
Caernarfon

Ar bryder fe rown derfyn — ac eli
    ar galon eich deigryn,
  rhown daw ar bryderon dyn
  a gofal — dim ond gofyn.

Y Drefn

Gyda'r arch; yng ngheg y drin; — yn wyneb
   annynol y ddrycin;
  yn nhrymder y nos erwin
  brau yw Gair y Bara a'r Gwin.

CYD

Dagrau, nid geiriau ar go' — a feddwch,
   nid rhyw fodd o sgwrsio,
  eithr yr iaith ddaw'n ei thro
  yn brofiad sydd yn brifo.

I Llion ac Alwen
ar achlysur eich dyweddiad

Dau fôr fesul diferyn — yn uno.
   Dau lanw'n ymestyn
  yn ara' deg drwy'r cregyn,
  dau yn nes at fod yn un.

Wal Sych

I minnau nid yw'r meini — yn gerrig
    oer. Fel Eryri
  a'r pridd, rwy'n perthyn iddi:
  y mae 'na iaith rhyngom ni.

Stryd

Aeth stryd ddoe pan ddaeth cloeau - i dagu'r
    gymdogaeth; aeth ffrindiau
  yn goedwig o lygadau.
  Y mae'r stryd i gyd ar gau.

Pont
(croesi'r ffordd ym Mhrifwyl Aberystwyth, 1992)

Ar gopa'r rhodfa ddrudfawr — yr oedais
    ar fy rhawd lafurfawr,
  yn ddiau treuliais ddwyawr
  yn mynd lan er mwyn dod lawr.

Llythyr

Er ei agor a'i rwygo — a'i falu'n
    filoedd, erys heno
  'r inc oer ar femrwn y co',
  ôl anfarwol dy feiro.

Dinas Dinlle

Yn y niwl wrth anwylo — yr ewyn
    a'r trai fel gwaed heno
  deuai rhyw waedd ambell dro,
  eco rhywun yn crio.

Hen gr'adur

Dan rychau a sachau syn — yr wyneb,
    dan ddraenog o locsyn,
  y tu ôl i'r llygaid tynn
  a brau, mae mab i rywun.

S.O.S. ola'r Saeson

Nid yw heddiw'n bod iddynt — hen frwydrau,
   dyddiadau ddoe ydynt;
  geiriau gwag rhyw gewri gynt
  yn neuaddau'r hyn oeddynt.

Dan y fawd mae Prydain Fach — brau yw tôn
   Rule Britannia mwyach,
  a lliwiau grym Lloegr iach
  yn allwedd i ddim bellach.

O rywle dros orwelion — a hi'n nos
   i gynhesu'r galon
  heno daeth yn sŵn y don
  S.O.S. ola'r Saeson.

Traeth

Ar ôl rhedeg drwy'r cregyn — ni welaf
    o'm hôl ond yr ewyn
  yn dew — dyna yw oes dyn:
  ymweliad â thraeth melyn.

Paham?

Yn y bae, tra wyf yn bod, — i'm herlyn
    daw ewyn dros dywod,
  ei li'n bendil, yn boendod:
  dwi'm yn dallt y mynd a dod.

Pioden

Pan wyf euog ond diogel — yn fy ngardd,
    pan fo 'nghwsg yn dawel,
  daw o hyd i'r border del
  hen wrach a'i gwatwar uchel.

Cap Stabal

Mae rhywbeth mwy na brethyn — yn ei llaw
    tra bod llond y bwthyn
  yn dweud ac yn dweud wedyn
  na wydda fo ddifa'i hun.

Walter Tomos

Wyt druan o lumanwr — wyt yn ddwl
    wyt yn ddiawl o ganwr,
  wyt yn ddryslyd, ynfyd ŵr
  wyt wirion — ond wyt arwr!

Gyrfa Chwist

Mewn ardal ger y Bala — fe rannwyd
    torth frown yn lle cardia,
  ond diawch roedd o'n syniad da
  oherwydd bu'r gêm *bara*.

Nessie

Er ein tragwyddol holi — diwyneb
   yw dy hanes inni,
   dan donnau ein hofnau ni,
   yn gyhoeddus ymguddi.

Carioci

Trydar adar sychedig — yn aros
   joch o'r wawr yn ffisig;
   felly garioci'r wig —
   canu tafarn cyntefig.

Gwres Canolog

'Does angen tân eleni, — pawb â'i le,
   pawb â'i lofft yn gwmni,
   tanau wal sydd i'n tŷ ni,
   yn araf mae'r tŷ'n oeri.

Pladur

Ni wŷr y diawl gyda'r dur — wahaniaeth
    rhwng y gwan a'r prysur,
na chwaith rhwng chwerthin a chur
— na, di-blaid ydyw'r bladur.

Noswyl Nadolig

Lladd y sgrîn, gwagio'r *vino* — i waelod
    fy nghalon, noswylio.
Gwely oer, y drws ar glo
a neb yn galw heibio.

Nain Nant

Ar y Sul oet daith i'r sêr, — oet antur
    oet tu hwnt i amser,
yr oet Nain ag ugain gêr,
oet wên a mêt a hanner.

Llun

Yma, a gwên ddisymud — heneiddiaf
   yn llonyddwch llychlyd
   y llun, heb golli ennyd
   wyf blentyn ond hŷn o hyd.

Wyneb

Nid yw'r wedd yn wên drwyddi, — o'r golwg
   mae'r galar yn cronni,
   Mae 'na ing na wyddom ni
   yn waedd y tu mewn iddi.

Y Prifardd Emyr Lewis

Bwrw'th fron i'n barddoniaeth — bwrw haul
   dros bridd ein cynhaliaeth,
   ac i li ein cerddi caeth
   bwrw dail ysbrydoliaeth.

Am ragor o waith y cywyddwyr cyfoes:

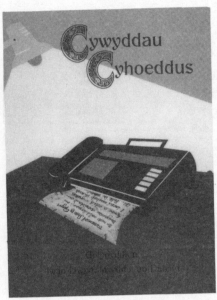

Y gyfrol gyntaf: £4.95

Yr ail gyfrol: £5.50